OBSERVATIONS

SUR LES

ASPHYXIÉS.

LETTRES

A

M.r LE SOUS-PRÉFET,

DE L'ARRONDISS.t DE VERDUN,

Département de la Meuse,

Suivies d'une INSTRUCTION contenant des moyens pour rappeler à la vie les asphyxiés ou morts en apparence ;

P A R

J. B. D A V I S, Docteur en Médecine de l'École de Montpellier, Membre du Collège royal des Chirurgiens de Londres, de la Société médicale et philosophique de l'Hôpital de S.t Barthelemy, des Sociétés médicales de Montpellier, Avignon, etc. etc.

A VERDUN,

De l'imprimerie de CHRISTOPHE, place d'Armes.

AVIS.

JE n'avais d'abord eu d'autre idée, en écrivant sur le traitement des asphyxiés, que celle de communiquer à MM. les Officiers de Santé de la ville de Verdun mon opinion sur l'usage de la laryngotomie et de la commotion électrique, afin de les engager à adopter ces moyens rarement usités, et que je regarde comme les plus efficaces qu'on puisse employer. Ayant ensuite réfléchi que toute méthode nouvelle éprouve, par cela même, du retard; convaincu d'ailleurs de sa supériorité, j'ai cru devoir la publier, afin d'engager d'autres Médecins à en faire l'épreuve et à constater, par la répétition des expériences, la solidité du système. Loin de me donner pour l'inventeur de cette méthode, je dois à la vérité de dire qu'elle a été long-tems pratiquée par des hommes que j'ai adoptés pour maîtres, et dont les idées, à ce sujet, ne m'ont jamais paru purement hypothétiques.

Je n'ai jamais pensé à faire un traité formel. Le tems et les circonstances m'ont conduit à analyser un essai que je serais jaloux de voir développé par des hommes zélés pour l'honneur de leur état et l'avantage du bien public. Heureux alors moi-même, si j'ai contribué à inspirer un sentiment qui produira nécessairement ce double résultat! C'est l'unique objet de mes vœux.

A Monsieur

Le SOUS-PRÉFET de l'Arrondissement
de Verdun.

————————◆————————

MONSIEUR,

IL me semble que l'homme moral et bienfaisant doit avoir naturellement en vue et ne se
proposer que ce qui peut utilement contribuer
au bien-être et à l'avantage de l'humanité, en
cherchant, par tous les moyens dont il est ca-
pable, à diminuer la somme des maux qui l'af-
fligent par mille accidens imprévus et si ordinaires dans le cours de la vie ; et, quels que
soient l'état et la position où l'on se trouve et le
pays que l'on habite, l'homme sensible ne doit-
il pas s'attacher à voir où le malheur existe,
pour y obvier ou le soulager ?

D'ailleurs, Monsieur, en prévenant ou en
adoucissant les peines d'autrui, c'est, en même
tems, soulager les miennes ; et tout procédé,
qui ne peut contribuer au bien-être et à l'amé-
lioration de la société, n'est qu'un hors-d'œuvre
et souvent une inconséquence, s'il contrarie la

physique et s'il n'est pas d'accord avec la mo-
rale.

Une ame honnête, par-tout et en tout tems,
peut, là-même où elle porte ses chaînes, se rendre utile aux indigènes qui gémissent dans le malheur ou qui sont les victimes des accidens.

Voilà mon excuse, Monsieur, et j'ose me
flatter que vous ne me trouverez pas importun,
si je me mêle de ce qui regarde les habitans du
pays. Si toutefois je puis me rendre utile à la société, aurais-je tort, en vous priant d'accepter
à la fois mon hommage et mes services, et en
m'adressant surtout à une personne zélée pour le
bien de sa patrie?

Réunissons donc nos efforts, Monsieur, et
employons-les en les montrant utiles à l'état et
aux individus. Nous pouvons rendre un père à
une nombreuse famille, sauver la vie d'un fils
unique, d'une sœur ou d'une mère, et dérober
au chagrin et à la misère d'honnêtes personnes,
quoique pauvres.

Dans un espace de dix ans, on porte à cin-
quante le nombre des individus qui, dans cette
ville, ont malheureusement été perdus pour leurs
parens, leurs amis et la patrie; et ce malheur
ne cessera point, si les moyens et les secours

qu'inspire et sollicite l'humanité ne sont pas employés, sous votre autorité, pour y porter re-
mède.

Je voudrais en conséquence vous proposer,
Monsieur, l'établissement d'une société pour
rappeler à la vie les noyés, les étouffés par la
corde ou par l'air méphitique. Peut-être avez-
vous déja quelque instruction pour cet objet; et,
dans ce cas, ma proposition serait peut-être
accueillie avec moins d'intérêt. Mais une telle institution, si elle existe, ne peut-elle pas être encore susceptible de perfection? Y a-t-il des
instrumens convenables et un endroit déterminé
pour recevoir les corps ? quelqu'un même,
dont la seule occupation serait de veiller et d'ê-
tre à la recherche de ces corps, aussi-tôt que le
rapport de leur perte aura été fait? ainsi que
des instructions par écrit, aussi simples que dé-
taillées, afin que chacun puisse agir sans la présence d'un Médecin ou jusqu'à son arrivée?

Comme la bienfaisance et l'humanité vous
rendent surtout recommandable, et comme la
conservation de tout individu vous intéresse, vu
qu'elle est aussi essentielle à l'état qu'au bonheur
des familles et des amis, j'aime à croire, M.r,
que vous voudrez bien seconder des vues utiles,

en m'accordant votre suffrage et votre approbation, et en autorisant le Maire de la ville de Verdun à former cet établissement. En conséquence, je me propose de vous offrir un plan et des instructions relatives à mes vues.

En attendant votre réponse et celle de la Municipalité, agréez le respect avec lequel je suis,

  Monsieur,

     Votre très-humble et
    très-obéissant serviteur,
      J. B. D A V I S,
       Médecin Anglais.

Verdun, le 15 Janvier 1805.

Verdun, le 17 Pluviose an 13.

Le Sous-Préfet de Verdun,
4.e Arrond.^t du Département de la Meuse,

A Monsieur DAVIS, Médecin.

M<small>ONSIEUR</small>,

V<small>OTRE</small> lettre, en date du 15 Janvier, m'est parvenue un peu tard. La sollicitude que vous y témoignez, afin de rappeler à la vie ceux qui la perdraient, faute de secours, par asphyxie, strangulation et autres accidens de même nature, fait l'éloge de votre cœur.

Des ordres réitérés du Gouvernement ont établi par toute la France les ressources nécessaires dans ces cas pressans; et, lorsqu'il est encore possible d'employer les moyens indiqués, on se hâte partout de le faire. Mais votre lettre, Monsieur, m'annonce un plan, des instrumens et des instructions, qui peuvent avoir quelque avantage sur ce qui existe et ce qui se fait à cet égard. D'après le desir bienfaisant que vous

m'exprimez, je ne doute pas que vous ne veuil-
liez bien me les communiquer.

Je vous prie donc de me les faire connaître,
afin de pouvoir en conférer, si vous le jugez à
propos, avec vous, Monsieur, et des Officiers
de Santé de cette ville.

L'état de guerre de peuple à peuple n'exclut
pas les sentimens que l'humanité réclame, d'individu à individu. Je vois avec beaucoup de
satisfaction ces sentimens régner dans votre ame,
dont la philanthropie est connue : la considération
personnelle dont vous jouissez à Verdun vous
prouve aussi, Monsieur, combien les Français
y mettent de réciprocité.

J'ai l'honneur de vous saluer.

LEFEBURE.

●●○●●●●●●●●●●●●●●●●●●●●●●●●●●●●●

A Monsieur le SOUS-PRÉFET
de Verdun.

MONSIEUR,

D'APRÈS l'intérêt que vous avez bien voulu prendre à un projet que j'ai eu l'honneur de vous présenter dans une lettre précédente, et l'encouragement que vous m'avez inspiré, je vais donner plus d'extension à la proposition que je vous ai faite. Je m'empresse donc, avec autant de plaisir que de philanthropie, de m'acquitter de ma promesse envers vous, desirant atteindre le but que vous souhaitez, Monsieur, pour le bien public. Peut-être qu'en tâchant de remplir ces vues, j'exposerai mon incapacité, et même j'encourrai la censure de la Faculté, en voulant mettre au jour ce qui est à la connaissance de plusieurs de mes confrères. Tout cela pourrait être ; mais je vous prie de croire, et ces messieurs aussi, que j'offre ce projet et ces instructions avec toute la modestie qui convient à un jeune homme qui aime mieux s'exposer au blâme, que de s'arroger un mérite qu'il ne goûtera jamais que par leur indulgence et par l'espoir d'avoir pu coopérer, avec eux, à une institution utile à l'humanité. C'est donc soulager mon cœur et répondre à vos tendres sollicitudes, que de vous mettre sous les yeux le plan que j'ai médité pour rappeler à la vie les asphyxiés par submersion et par méphitisme ; et il me semble essentiel de ramener les procédés à un systême clair et précis, dont je discuterai l'utilité, article par article, en présence de Messieurs les Officiers de Santé de cette ville, quand vous le jugerez à propos.

Quoique la France soit pourvue d'instructions nécessaires pour secourir les personnes ainsi menacées de la mort, il n'est pas moins vrai qu'un excellent systême à cet effet peut manquer de méthode ; que la perte de tems est à craindre ; que le défaut d'un emplacement convenable pour transporter les corps a de grands inconvéniens, et qu'il faut des instructions par écrit, pour que tout le monde puisse commencer les premières opérations nécessaires.

Voici, Monsieur, ce que je recommande d'abord à votre sensibilité et aux soins particuliers qui en sont la suite :

Louer une petite maison ou une chambre près des bords de la rivière, qui sera uniquement destinée à recevoir les corps des noyés. Je propose aussi que le gardien de ce logis, ou quelqu'autre, soit choisi et payé par la ville pour veiller sur la rivière, et qu'il ait à sa disposition des machines convenables, telles qu'une perche à crochet, etc., pour enfoncer dans l'eau, afin de pouvoir en retirer les corps, ainsi qu'une espèce de filet : ce qui suffirait pour cet objet.

Quelqu'un étant ainsi chargé de veiller en cas d'accident, on gagnera un grand point, c'est-à-dire, que l'on n'aura pas perdu de tems : ce qui est très-essentiel ; et le corps sera transporté sur-le-champ à la chambre préparée pour le recevoir. C'est ce qui se pratique actuellement en Angleterre, et j'insiste fortement sur cet article. Comme, en Angleterre, avant cet arrangement, plusieurs personnes ont été perdues, sans le moindre espoir d'être rappelées à la vie, et cela par le défaut de méthode et de promptitude dans l'exécution de cette condition, on y a employé ce moyen dans toutes les villes où passent des rivières ; et je voudrais qu'il fût adopté ici.

Une seconde condition, c'est d'avoir une

chambre préparée pour y déposer le corps. Il
y faut un lit, avec des couvertures de laine, une
douzaine de grosses serviettes, du feu, du sel
marin, des esprits volatils, des briques, que
l'on chauffera pour les appliquer aux extrémi-
tés, etc. Il faut aussi des instrumens convenables et qui sont :

Un soufflet garni d'un tuyau approprié, une
machine fumigatoire pour contenir des matières
pour des fumigations, afin de pouvoir faciliter
leur passage dans les intestins ; une canule pour
passer dans la glotte, une autre pour l'œsophage ;
des bistouris, des ciseaux, une machine électrique, une seringue, une bougie ou sonde creuse
élastique pour l'œsophage, etc.

Il est bien entendu, sans doute, que tous les
Médecins et Officiers de Santé de la ville seront
libres de s'y rendre de tems en tems, pour sur-
veiller l'état de l'établissement et d'y contribuer
de leurs secours de la manière la plus utile, et
qu'ils seront membres de l'institution. Une instruction sommaire, imprimée et placée dans la
chambre à la vue de tout le monde, indiquera la
méthode la plus simple et la plus claire d'appliquer nos moyens.

J'aurai maintenant l'honneur, Monsieur, de

vous présenter les instructions générales : j'exposerai l'avantage de chacune d'elles ; et il n'est
pas nécessaire de les discuter, attendu qu'elles
sont toutes plus ou moins connues. C'est en présence de M.^{rs} les Officiers de Santé de cette ville
que je ferai toutes les observations qui pourraient être nécessaires, en recommandant un
procédé un peu différent de celui qui est employé ordinairement dans les asphyxies, et dont
je vais traiter succinctement.

J'ai l'honneur d'être,

Monsieur,

Votre très-humble et
très-obéissant serviteur,

J. B. DAVIS.

Verdun, le 30 Mars 1805.

●◆●◆●◆●◆●◆●◆●◆●◆●◆●◆●◆●◆●◆●◆●◆●◆●◆

INSTRUCTIONS

POUR rappeler à la vie les personnes asphyxiées par submersion.

APRÈS que le corps a été bien essuyé, on le met au lit entre deux couvertures de laine bien chaudes. Alors, il faut avoir soin, en plaçant le corps, que la tête soit un peu inclinée sur la poitrine ; et, comme la bouche est remplie de matières muqueuses, on aura soin de l'en débarrasser exactement. Puis on essaiera de faire passer une canule dans le larynx, pour pouvoir remplir les poumons d'air. C'est alors que l'on tâchera de rappeler la respiration, en donnant un mouvement artificiel aux muscles qui servent à mouvoir la poitrine, en même tems qu'on introduit des colonnes d'air dans le larynx, pour en remplir la capacité des poumons. Si la personne qui opère ne peut pas passer la canule dans la glotte, après avoir essayé trois ou quatre fois d'y parvenir, il faut absolument faire une incision dans le larynx, pour introduire de l'air dans la poitrine.

Qu'il me soit donc permis de faire ici une digression, en discutant l'avantage qui résultera d'une opération faite sur le larynx dans les noyés et même les autres asphyxiés. Il n'est guères nécessaire d'observer à des personnes qui connaissent les phénomènes du corps humain, que toutes les parties à peu près de notre corps s'affaissent, à mesure que la mort approche : il en faut excepter le cartilage qui ferme l'ouverture du larynx, cartilage connu sous le nom d'épiglotte; car celui-ci ne tombe pas, comme on pourrait le croire, mais il reste droit. Cependant l'entrée dans le larynx est difficile, non pas parce que l'épiglotte ferme l'entrée de ce passage, mais parce que le larynx descend considérablement, et que l'épiglotte, par ce moyen, est tirée vers le gosier. D'ailleurs, il y a, dans les noyés, une grande quantité de matières étrangères qui, pour la plupart, bouchent cette ouverture, en rendant le passage de l'air très-imparfait et en présentant toujours un grand obstacle à l'introduction d'un instrument que l'on emploie souvent, pour faciliter le passage de l'air dans les poumons.

Telles sont les difficultés qui se présentent au procédé généralement adopté pour rappeler à

la vie les noyés, et qui s'opposent, malheureu-
ement et presque toujours avec effet, à nos
moyens ordinaires.

Quel est le point le plus important dans les
asphyxiés de cette nature, et sur quoi devons-
nous particulièrement diriger notre attention ?
C'est de remplir d'air toutes les ramifications
des bronches, de donner du mouvement aux
poumons, et par là communiquer au sang l'ex-
citation naturelle, sans quoi son cours s'arrête,
et la chaleur de l'individu s'éteint ; un collapsus
général survient, et la mort établit son terrible
empire. Peut-on alors, par le moyen du soufflet mis dans la bouche., ainsi remplir d'air les
cellules des poumons ? Oui, si celui qui opère
était assez adroit et assez heureux pour parvenir
sur-le-champ à passer une canule dans l'ouverture du larynx ; mais j'ai été souvent présent à
des opérations pareilles, et il arrive rarement
qu'on puisse réussir. Souvent on manque l'opération tout-à-fait, et quand on a eu le bonheur
d'introduire l'instrument dans le passage, ce n'a
été qu'après avoir perdu beaucoup de tems.
Que faut-il donc faire dans ces cas pressans ? Je
propose qu'après avoir essayé de passer la canule, si on on ne réussit pas, l'on ouvre sur-le-

champ le larynx, entre les cartilages thyroïde
et cricoïde.

Rien de plus simple et de moins dangereux
que l'opération de la laryngotomie. Elle consiste
à faire une incision longitudinale à la peau, entre
les cartilages thyroïde et cricoïde, jusqu'au ligament assez fort qui les unit : alors on coupe
ce ligament, dans une direction transversale, et
on donne à l'incision une étendue suffisante pour
placer une canule, dans laquelle on insère le
bout du tuyau d'un soufflet que l'on fait jouer,
pour injecter de l'air dans la poitrine. Je donne
la préférence à l'ouverture du larynx, parce
que l'on ne risque pas d'intéresser, comme dans
la trachéotomie, de gros vaisseaux sanguins ou
d'autres parties qui sont à ménager. D'ailleurs,
on doit remarquer que, quand la respiration a
cessé pendant un certain espace de tems, le larynx descend avec la trachée-artère, et qu'en
conséquence l'opération sur cette partie-ci se
ferait plus difficilement que sur un sujet vivant,
par exemple, sur une personne qui serait atta-
quée d'une esquinancie trachéale.

En cas qu'on puisse rappeler à la vie la personne opérée par ce moyen, la plaie est sans
conséquence et ne peut avoir aucune suite dan-

gereuse ; et ce n'est que par cette manière prom-
pte que l'on peut parvenir au but que l'on se
propose. J'ai été témoin, une fois, de la réus-
site de cette opération, et beaucoup d'hommes
célèbres, en sont les partisans, quoiqu'elle soit
rarement pratiquée.

Mais, pour pouvoir y procéder avec plus de
facilité et d'adresse, une personne devrait tenir
la canule et la pointe du soufflet dans cette ouverture artificielle, pendant qu'une autre rem-
plirait la poitrine d'air ; et une troisième, placée
transversalement, s'occuperait de comprimer
chaque côté avec ses mains, avec lesquelles elle
recommencerait souvent cette action, pour al-
terner avec celle qui dilate la poitrine d'air, et
ainsi imiter les phénomènes que produisent les
muscles de la respiration, afin d'exciter le sang
à circuler dans les poumons, et finalement de
trouver son chemin à l'oreille droite du cœur,
pour que cet organe puisse faire ses fonctions.
Il faut continuer cette opération pendant trois
quarts d'heure ou plus, car c'est sur elle que
nous fondons notre principal espoir, les autres
moyens n'étant que subsidiaires.

Si la canule passe dans le larynx, on s'en ap-
percevra aisément par la résistance que l'on

éprouve au tact, ainsi que par la fermeté de sa
position. Si elle entre dans l'œsophage, comme
cela est très-possible et très-facile, elle ne sera
pas si ferme, étant introduite : elle changera
facilement d'un côté à l'autre, et glissera dans
toutes les directions.

Cette remarque suffira pour nous faire juger
si la canule est dans le larynx ou l'œsophage.

Pendant que tout cela se fait, d'autres personnes doivent s'occuper à appliquer successivement des briques chaudes aux plantes des
piéds, aux mains et à l'épine du dos ; à frictionner légèrement la surface du corps avec de grosses serviettes trempées dans des esprits volatils.
On peut aussi appliquer avec avantage les esprits
volatils sur toutes les autres parties que je viens
de nommer.

Tous mouvemens violens du corps, tels que
des secousses par les talons, le renversement
sur la tête, etc., sont contraires au rétablis-
sement de la respiration et doivent être interdits.

L'estomach devrait être excité un peu, avant
que l'on ait terminé les procédés généraux. Alors
on met une cuiller à café d'eau-de-vie dans l'œ-
sophage, et l'on se sert pour cela d'une bougie
creuse; car il arrive souvent que des liqueurs,

mises dans la bouche, de la manière ordinaire, en sont rejetées. On peut aussi donner quelque épice dans du vin chaud. L'esprit de corne de cerf est excellent pour stimuler l'estomach : on peut en donner, de tems en tems, une vingtaine de gouttes mêlées dans du vin et de l'eau.

 C'est l'usage, dans plusieurs endroits, de faire passer de la fumée de tabac dans le rectum, pour rappeler les facultés nécessaires à la vie ; mais il me semble que cette pratique est vicieuse, en ce que l'effet connu du tabac étant de produire la défaillance, on établit un état précisément contraire à ce que nous voulons produire. Il vaut mieux faire passer des vapeurs de gommes aromatiques, imprégnées de sels volatils, et d'autres remèdes connus par leur vertu stimulante.

Le sang est le stimulus naturel du cœur. Faut-il alors en être prodigue ? Non ; mais, puisque, dans ces cas, il est à craindre que le sang ne se porte dans une colonne trop abondante vers l'oreillette droite du cœur, abattant par ce moyen la systole de cet organe, l'action devenant moins forte à mesure que les facultés de la vie s'anéantissent, il faut donc tâcher d'en diminuer un peu le volume, avec circonspection. C'est dans le système veineux, et surtout dans la veine cave, que le sang s'accumule. Pour obvier alors au risque de l'extrême anéantissement de l'action du cœur, tirez, vers la fin de votre procédé, cinq ou six onces de sang.

Une telle saignée n'est pas assez forte pour faire craindre les effets qui pourraient survenir d'un manque de stimulus au cœur; mais elle suffira pour faire cesser l'abattement de cet organe, provenant d'un amas de sang dans la veine cave.

La chaleur doit être surtout appliquée au creux de l'estomach; car il faut tâcher, par tous les moyens possibles, de ranimer les mouvemens du cœur. Pour cela donc, il faut mettre des briques chaudes, enveloppées de laine et mouillées d'esprit de corne de cerf, au creux de l'estomach et entre les épaules. Il faut frictionner ces parties; mais, ce qui est encore plus efficace dans la région du cœur, c'est l'étincelle électrique, dont je conseillerai l'usage, après avoir employé les autres moyens. La manière de l'exécuter est d'en faire passer des chocs modérés immédiatement par le corps, c'est-à-dire, par l'épigastre et le côté gauche de la poitrine, jusqu'au dos. Cela peut se faire vers le milieu du procédé; mais, comme il faut du tems pour préparer la machine, on doit continuer pendant quelques minutes. S'il y reste encore quelque étincelle de vie, la succession régulière de ces moyens ne manquera pas de la rallumer.

Pendant qu'on exécute ces procédés, dans l'ordre que je viens d'indiquer, il faut faire attention de ne pas exposer le corps à l'air froid de la chambre, le moins qu'il est possible, en renouvelant les briques chaudes au dos, aux plantes des pieds, etc. De l'avoine grillée, du sel marin chaud, et d'autres choses pareilles, contribuent efficacement à donner de la chaleur au corps. Tous ces moyens doivent être successivement employés, sans que l'on se décourage pour deux heures de travail; car la vie ne peut être rappelée que lentement. Si les lèvres, qui sont livides, noires et gonflées d'abord, deviennent pâles; c'est alors que nous devons redoubler d'énergie et d'efforts, dans l'espérance que nos vues seront remplies.

On peut employer un bain tiède, et pendant que l'eau chauffera, avoir recours aux autres moyens propres à distribuer la chaleur au corps. Quand le corps sera mis dans le bain, il faudra s'attacher à rappeler la respiration, comme auparavant. Je recommande l'usage de beaucoup de sel marin dans le bain, qui sera très-efficace, en stimulant la surface du corps et en l'échauffant.

On peut aussi employer des clystères de vin du Rhône, de Languedoc ou d'autres vins généreux, que l'on rendra plus actifs, en y ajoutant de l'esprit de corne de cerf. On peut aussi faire entrer dans la composition des lavemens de l'esprit fœtide et volatil de sel ammoniac : il stimule beaucoup le rectum.

Les personnes que l'on a eu le bonheur de rappeler à la vie, en se servant des moyens que nous avons indiqués, sont, pendant un certain tems, dans un état de souffrance : ordinairement la fièvre survient ; elles éprouvent des douleurs dans les extrêmités, des palpitations de cœur, des difficultés de respirer, des spasmes, etc. Ces accidens cèdent aisément au repos et aux remèdes calmans. On peut pratiquer alors avec avantage une ou deux saignées légères, faire prendre quelques bains tièdes, des boissons atténuantes et diaphorétiques. On aura soin de prescrire un régime très-léger.

MANIÈRE

De rappeler à la vie les asphyxiés par méphitisme.

IL y a beaucoup d'analogie entre les person-
sonnes asphyxiées par submersion et celles qui
le sont par strangulation. La mort est occasion-
née, dans ces deux cas, par l'absence de l'air atmosphérique dans les bronches et par le refoule-
ment du sang noir dans le système vasculaire ;
mais il y a un troisième genre d'asphyxies, qui
diffère tout-à-fait des précédentes. Je parle de
ces personnes qui tombent tout-à-coup dans des
convulsions terribles et qui, plus fortement frappées par la cause morbifique, tombent dans un
anéantissement complet de toutes les facultés du
corps, comme on le voit arriver, tous les jours,
dans les mines, fosses, caves et autres endroits
remplis d'air méphitique. Dans ces cas, outre
le manque d'air respirable, on reçoit des matières délétères dans les poumons, qui, non seu-
lement agissent en décomposant le sang transporté là pour recevoir son principe vivifiant,

mais de plus les nerfs des poumons et le cerveau
sont lésés par un poison si fort, que la mort
survient plus vîte ou plus lentement, précédée
de convulsions ou d'un anéantissement entier des
pouvoirs de l'animal, suivant la sensibilité du
systême nerveux et l'idiosyncrasie de la personne
ainsi saisie. Il me paraît que des phénomènes
aussi subits que ceux qui succèdent à l'inspiration de l'air méphitique, prouvent que le poison, avant de passer par le systême vasculaire,
agit directement sur le systême nerveux, et ne
produit pas la mort dans le même espace de tems,
mais varie suivant la matière appliquée et la
quantité d'air oxygène qui pourrait entrer dans les
bronches, dans la même inspiration. Par exemple, quelqu'un meurt plus promptement de l'inspiration du gaz hydrogène sulphureux ou ni-
treux et des vapeurs des fosses d'aisance, que
par le gaz acide carbonique, azote, hydrogène pur, etc.

Ainsi, tous ceux qui sont asphyxiés par la
strangulation, par l'entrée des corps étrangers
dans la trachée-artère, par des tumeurs, par la
submersion ou toute autre cause qui obstrue la
trachée-artère, périssent tous parce que le passage de l'air atmosphérique se trouve intercepté:

ce sont les asphyxiés simples. Ils diffèrent des autres, parce qu'indépendamment du défaut d'air atmosphérique, il y a une substance délétère qui anéantit la vie.

A l'egard de la manière de traiter les asphyxies non délétères, ou simples, on n'a qu'une seule et même méthode; d'introduire, le plus tôt possible, l'air atmosphérique dans les bronches: autrement la mort est inévitable. L'application de la chaleur aux corps des autres asphyxiés, excepté les noyés, ne me paraît pas être essentielle; car la chaleur de l'animal ne s'échappe pas aussitôt que dans ceux qui sont noyés.

Le corps d'un individu qui périt par la vapeur du charbon est bien différent de celui d'un noyé. L'un est chaud et souple et ne demande pas l'application de la chaleur : l'autre, froid et roide, l'exige dans un degré considérable. Ce qui fera alors beaucoup de bien dans l'un, n'est qu'un procédé inutile dans l'autre.

Il me semble qu'outre l'ouverture de la trachée-artère dans les asphyxies délétères, on devrait introduire, avec l'air atmosphérique, une portion d'oxygène ou des substances capables de décomposer le gaz, si nuisible au corps.

L'espèce d'asphyxie la plus commune est celle

qui provient de la respiration du gaz carbonique, par des personnes qui s'exposent impru-
demment à la vapeur du charbon, et qui ne tue
que lentement. Malgré que les asphyxiés par
cette cause soient mis dans l'air atmosphérique,
avant que la respiration cesse, souvent ils meu-
rent, tant le sang est changé dans sa nature, soit
par la présence du gaz carbonique, soit par le
défaut de l'oxygène. Ces personnes ne peuvent
être forcées de respirer l'air atmosphérique que
par des inspirations répétées et profondes ; et,
si l'on soupçonne quelque constriction spasmo-
dique de l'épiglotte, il faut passer le doigt, en ti-
rant la langue avec l'autre main, jusqu'à l'épiglotte, afin d'essayer le passage d'une canule :
mais, si cela ne réussit pas, ouvrez le larynx
dans l'endroit indiqué, et faites l'opération
comme sur les noyés. L'air que l'on doit faire
respirer aux asphyxiés de cette espèce devrait
être mêlé d'une partie de gaz oxygène : il faut
aussi leur faire respirer de l'air qui a passé par
l'eau de chaux vive ou imprégnée d'ammoniac,
dont les qualités sont de décomposer le gaz carbonique.

D'autres fois, dans des asphyxies occasion-
nées par l'air méphitique, on a donné l'émétique

avec avantage. Je crois que cette pratique pourrait être utile dans la supposition qu'un spasme
saisît le larynx : car c'est une opinion généralement reçue à Edimbourg, à l'égard des personnes subitement frappées d'un anéantissement de
la vie ou de convulsions terribles. S'il arrive que
la mort vienne de cette cause, le moyen le plus
efficace est l'opération de la laryngotomie pratiquée sur-le-champ. Le vomissement artificiel
peut bien enlever le spasme, mais la meilleure
manière de remédier à cet obstacle est d'ouvrir
aussi-tôt le larynx ; et, pour diminuer la
quantité de sang accumulé dans l'oreillette droite
du cœur, il conviendrait de tirer six ou huit
onces de sang.

Ou la mort survient sur-le-champ, par la
cause délétère qui agit avec une vîtesse et une
force extraordinaires, et on ne peut espérer au-
cun succès des secours de l'art, à moins qu'ils
ne soient administrés promptement (encore est-
il douteux qu'ils réussissent). Nous devons toujours employer la laryngotomie, exposer le corps
à l'air, employer les frictions générales, les sels
volatils, etc., et faire des affusions d'eau froide
sur ceux qui périssent par la vapeur du charbon
ou par le gaz qui s'échappe du moût fermenté.

www.ingramcontent.com/pod-product-compliance
Lightning Source LLC
Chambersburg PA
CBHW060819280326
41934CB00010B/2748